OLYMPUS GUARDIAN 61

신화, 올림포스로 이끌다

글 박정희

주니어 RHK

차례

1 신들의 왕, 제우스   4

아버지의 배 속에 갇혀 있던
형제자매를 구해 낸 뒤,
힘을 합쳐 티탄 족을 물리치고
올림포스 신들의 왕이 되었어요.

2 결혼과 가정의 수호신, 헤라   8

결혼과 가정을 지키는 한편
제우스의 아내로서
많은 갈등을 겪고
괴로움을 참아야 했어요.

3 바다와 물의 지배자, 포세이돈   12

머리가 나쁘고 성질이 사나워서
화가 나면 바다에
거센 풍랑이 일게 했어요.

4 농업과 대지의 여신, 데메테르   16

인간들에게 농사짓는 법을
가르쳐 주고 생산물을 보호해 주는
어머니 같은 신이었어요.

5 아름다움과 사랑의 여신, 아프로디테   20

자신의 아름다운 외모에 대한
자부심이 대단했으며
그 아름다움으로 사랑을 지배했어요.

6 불과 대장장이의 신, 헤파이스토스   23

못생긴 외모에 다리를 절뚝거렸으나,
원하는 것은 무엇이든지
기가 막히게 만들어 내는
훌륭한 재주를 가졌어요.

7
전쟁과 지혜의 여신, 아테나 26

아버지 제우스의 머리에서 태어났으며, 지혜로워서 많은 것을 발명하였고, 전쟁에서 올바른 승리로 이끄는 정의로운 신이었어요.

8
사냥과 달의 여신, 아르테미스 30

활을 들고 달리며 사냥을 즐기는 처녀 신으로 차갑고 냉정한 면이 있지만, 아기를 낳는 여성들을 지켜 주었어요.

9
태양의 신, 아폴론 33

인간들을 사랑하여 건축과 예술, 의술 등 많은 면에서 인간들에게 이로움을 주었어요.

10
제우스의 심부름꾼, 헤르메스 36

제우스의 심부름꾼이자 상인, 도둑, 나그네 들의 수호신이었으며 꾀가 많고 장난도 심했어요.

11
전쟁의 신, 아레스 40

끝없이 싸움과 전쟁을 일으키고 폭력과 파괴를 일삼아 많은 이들에게서 미움을 받았어요.

12
술과 포도의 신, 디오니소스 44

인간들과 어울려 지내며 포도를 가꾸고 포도주를 만드는 법을 가르쳐 주기도 한 가장 인간적인 신이었어요.

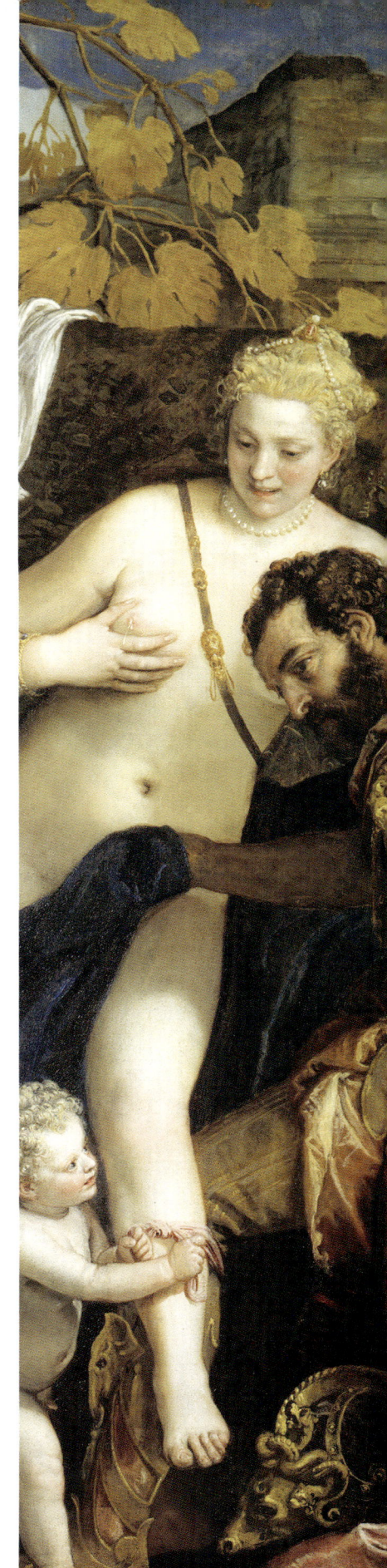

 신들의 왕, 제우스

올림포스에 사는 신들의 왕, 제우스는 하늘과 신들을 다스렸어요. 하지만 제우스가 거저 왕이 된 것은 아니었답니다. 제우스의 아버지 크로노스는 자식 중의 하나가 자신을 누르고 왕이 될 거라는 예언을 듣고는 자식들이 태어나면 곧바로 삼켜 버렸어요. 제우스의 어머니 레아는 여섯 번째로 아이를 임신하자, 태어날 아기만큼은 절대로 크로노스의 배 속으로 들어가게 하지 않겠다고 굳게 결심했어요. 그 아이가 바로 제우스였지요.

레아는 어머니, 가이아의 도움을 받아 제우스를 빼돌리고 크로노스에게는 아기 대신 포대기에 싸인 돌멩이를 주어 삼키게 했어요. 요정들의 도움으로 자라난 제우스는 테미스 여신과 어머니 레아의 도움으로 크로노스에게 토하는 약을 먹였어요. 그러자 크로노스의 배 속에 들어 있던 형제자매들이 차례로 튀어나왔답니다. 제우스는 이들을 이끌고 크로노스를 비롯해 티탄 족과 기나긴 싸움을 시작했어요.

제우스는 지하 세계에 갇혀 있던 키클롭스 삼 형제를 구해 내고 그들에게 천둥과 번개와 벼락을 선물 받았어요. 제우스는 이 무기들 덕분에 티탄 족을 물리칠 수 있었답니다. 마침내 티탄 족과의 싸움을 끝낸 제우스는 형제들을 이끌고 올림포스에 살며 세상을 지배하게 되었어요. 그 뒤로 하늘은 제우스가, 바다는 포세이돈이, 지하 세계는 하데스가 맡아 다스리게 되었지요. 제우스의 상징 동물은 독수리이고, 식물은 떡갈나무예요.

구름을 모으는 신, 제우스

제우스는 하늘을 다스리며 구름을 모아 천둥을 치고 번개와 벼락을 내리는 신이에요.
옛날 사람들이 가장 무서워한 것은 험한 날씨였어요.
날씨가 좋아야 농사를 제대로 지을 수 있었고, 그래야 굶어 죽지 않았으니까요.
그래서 사람들은 제우스가 화내지 않도록 안간힘을 썼답니다.
벼락을 맞은 사람은 제우스의 노여움을 사서 벌을 받았다고 생각했지요.

제우스가 굳은 표정으로 위엄 있게 앉아 있어요. 아름다운 여신 테티스가 전쟁에 참여한 아들을 살려 달라고 애원하지만 꿈쩍도 하지 않아요.
〈제우스와 테티스〉
장 오귀스트 도미니크 앵그르

법과 질서를 지키게 하는 제우스

신의 모습을 본떠 만들어진 인간은 신의 뜻에 따라 살아야 했어요.
신들 가운데서도 가장 힘센 신, 제우스가 인간에게는 가장 무서운 존재였지요.
제우스는 인간 세상이 타락하고 온갖 범죄가 많아지자 데우칼리온과 피라만을 남긴 뒤,
대홍수를 일으켰어요. 그러고는 세상을 새롭게 시작하게 했어요.
사람들이 나쁜 짓을 저지르면 벼락을 쳤고, 핏빛 비를 내려서 경고하기도 했어요.
그래서 사람들은 제우스의 눈치를 살피며 착하게 살려고 노력했답니다.
또 제우스를 위한 신전을 다른 신전보다 더 웅장하고 화려하게 지어 놓고 받들어 모셨지요.

그리스의 아테네에 있는
제우스 신전이에요.
'올림피에이온'이라고 부른답니다.
뒤쪽으로 고대 신전이 모여 있는
아크로폴리스 언덕이 있어요.

수많은 자식을 둔 제우스

제우스는 다른 어떤 신보다도 자식을 많이 두었어요.
신과 인간을 모두 다스리는 신답게 자신을 도울 많은 일꾼이 필요했을 거예요.
아내 헤라는 전쟁의 신 아레스와 *분만의 신 에일레이티아 그리고 청춘의 신 헤베를 낳았어요.
제우스는 아내 헤라의 눈을 피해 많은 여신과 요정들과도 사랑을 나누었지요.
메티스에게서는 아테나, 데메테르에게서는 페르세포네,
레토에게서는 아폴론과 아르테미스, 마이아에게서는 헤르메스를 낳았답니다.
또 아름다운 인간 여인들과도 사랑을 나누어 많은 자식을 두었어요.
다나에는 페르세우스, 알크메네는 헤라클레스, 에우로페는 미노스와 사르페돈,
세멜레는 디오니소스를, 레다는 트로이 전쟁의 원인이 되었던 헬레네를 낳았어요.
제우스는 헤라의 눈을 피하거나 자신을 피하는 여성들에게 접근하기 위해서
동물이나 황금 비로 변신하기도 하였지요.
제우스의 자식들은 각각 맡은 영역에서 인간들에게 많은 도움을 주었답니다.

*분만 : 아기를 낳음.

아르고스의 공주 다나에가
황금 비로 변신한 제우스를 맞아
페르세우스를 낳았지요.
〈다나에 역할의 랑주〉 안루이 지로데트리오종

결혼과 가정의 수호신, 헤라

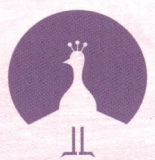

제우스의 아내인 헤라는 결혼과 결혼한 여성을 다스리고 보호하는 신이에요. 헤라는 제우스가 아버지의 배 속에서 구출한 누이이기도 해요. 헤라를 결혼의 신으로 높이 받든 걸로 봐서, 고대 그리스에서는 남편이 아내 한 명을 두는 것을 바람직한 결혼으로 여겼음을 알 수 있어요. 남편 제우스가 많은 여자와 어울려 자식들을 낳아도 끝내 결혼 생활을 지켜 나가는 헤라를 여성의 본보기로 삼았다는 이야기기도 하지요.

서양에서는 6월을 결혼의 계절이라고 해요. 영어에서 6월을 준(June)이라고 하는 까닭은 헤라의 로마식 이름 주노(Juno)에서 따온 것이랍니다. 무지개의 여신 이리스는 헤라의 심부름꾼이며, 공작은 헤라를 상징하는 동물이지요.

이탈리아의 시칠리아에 있는 헤라 신전이에요. 셀리눈테라고 하는 이 유적지는 옛날에 그리스의 식민지였던 곳이랍니다.

권력이 어울리는 헤라

헤라는 올림포스 여신 가운데 최고의 지위를 가진 신이에요.
헤라라는 이름에는 '귀부인', '*여걸'이라는 뜻이 담겨 있어요.
막강한 권력을 휘두르는 제우스처럼 헤라도 종종 권력을 휘두르는 모습으로 등장하지요.
헤라는 아프로디테, 아테나와 함께 누가 가장 아름다운지를 겨루었는데,
그때 헤라는 심판을 맡은 파리스에게 세상의 권력을 주겠노라고 했어요.
하지만 파리스는 권력을 마다하고, 아프로디테가 주기로 한 사랑을 택하지요.
분노한 헤라는 파리스가 스파르타에서 고향으로 돌아갈 때 폭풍을 일으켜
가는 길을 방해하기도 했어요.

제우스와 헤라가 다정하게 손을 잡고 있지만,
실제로 둘은 자주 다투었어요.
〈메디치 회랑 : 1600년 11월 9일 리옹에서 왕과 마리 드 메디치의 만남〉
페테르 파울 루벤스

*여걸 : 용기가 뛰어나고 기개와 풍모가 있는 여자.

인내와 질투로 지켜진 제우스와의 결혼

끊임없이 다른 여자들과 바람을 피우는 제우스 때문에 헤라는 무척 속이 상했어요. 헤라는 결혼 생활을 지키기 위해 늘 제우스를 감시했지만, 제우스는 갖은 방법으로 헤라의 눈을 피해 다른 여성들과 사랑에 빠지곤 했지요. 그럴 때마다 피해를 보는 쪽은 제우스가 아니라 이오처럼 애꿎은 상대방 여성과 헤라클레스처럼 배다른 자식이었지요.

어느 날, 제우스는 강의 신 이나코스의 딸인 이오에게 다가갔어요. 제우스는 헤라의 눈을 피하려고 검은 구름으로 주변을 감쌌어요. 그러나 헤라에게 들키자 이오를 재빨리 암소로 변신시켜 버렸어요. 헤라는 모른 척하면서 제우스에게 암소를 선물로 달라고 한 뒤, 눈이 100개나 있는 아르고스를 시켜 암소를 감시하게 했지요. 제우스는 헤르메스를 시켜서 아르고스를 잠들게 한 뒤 아르고스를 해치웠어요.

이오는 그 틈을 타서 도망갔지요. 헤라는 짐승의 피를 빨아 먹는 쇠파리를 보내 암소로 변한 이오를 뒤쫓게 했어요. 이오는 결국 그리스에서 이집트까지 바다를 헤엄쳐 고된 길을 가야 했지요.

또 헤라는 알크메네가 낳은 헤라클레스를 미워해서 열두 가지나 되는 힘들고 고통스러운 일을 시켰어요.

검은 구름으로 변한 제우스에게 안겨 있는 이오의 모습이에요.
〈제우스와 이오〉 코레조

헤라는 결혼 생활을 지키기 위해서 제우스를 직접 공격하지는 않았어요.
그 대신 제우스와 문제를 일으킨 상대방에게 앙갚음을 하는 방법을 썼지요.
신화에서는 잔인하고 신경질적인 모습으로 그려지지만,
헤라는 결혼을 지키느라 밤낮으로 애를 썼어요.

헤라가 죽은 아르고스의 눈으로
자신의 애완 공작의 날개를 장식하고 있어요.
〈헤라와 아르고스〉 페테르 파울 루벤스

 바다와 물의 지배자, 포세이돈

제우스의 형제 포세이돈은 비, 구름, 바람을 상징하는 삼지창을 손에 들고 바다를 다스렸어요. 제우스를 도와 아버지와 티탄 족을 무찌르고 나서 바다를 다스리는 일을 맡았지요. 그는 머리가 나쁘고 성질이 사나웠어요.

머리가 둔한 데다 성질까지 나빠서 사나운 폭풍과 파도를 일으켜서 해안 지방에 있는 마을을 휩쓸곤 했어요. 때로는 땅덩이를 떼어 내어 바다에 던졌답니다. 그러면 바다 사이에 새로운 섬이 생겨나곤 했지요. 바다뿐만 아니라 모든 강, 시내 같은 육지에 있는 물도 포세이돈이 다스려서 포세이돈의 힘은 땅 위까지도 미쳤어요.

포세이돈은 말을 만들어 낸 것으로 유명해요. 인간에게 말을 타고 부리는 법을 가르쳤으며, 말을 타고 경주하는 것도 포세이돈이 시작했다고 하지요. 아테나와 함께 아테나이를 가지려고 싸움을 벌였을 때, 인간들에게 주겠다고 약속한 것이 바로 말이었어요. 말의 수호신으로 여겨 포세이돈을 기리는 날이면 으레 경마나 전차 경주를 했다고 해요.

포세이돈이 미워했던 인간

머리가 나빴던 포세이돈은 머리가 좋은 신이나 인간을 좋아하지 않았어요.
포세이돈이 특히 미워한 인간은 오디세우스였지요.
오디세우스는 트로이 전쟁을 승리로 이끈 영웅이에요. 하지만 트로이 전쟁이 끝나고
고향으로 돌아가는 길에 오디세우스는 폴리페모스가 사는 섬에 이르게 되었어요.
폴리페모스는 눈이 하나밖에 없는 거인인 키클롭스 가운데 하나로, 무척 사납고 난폭했어요.
우연히 폴리페모스가 사는 동굴에 들어간 오디세우스 일행은 꼼짝없이 폴리페모스에게
잡히고 말았지요. 하지만 오디세우스는 꾀를 내어 폴리페모스를 술에 취하게 한 뒤
나무 꼬챙이로 눈을 찌르고는 무사히 동굴을 빠져나왔답니다.

이 사건으로 포세이돈은 오디세우스를 몹시 미워하게 되었어요.
원래 머리 좋은 인간을 좋아하지 않는데다가 폴리페모스가 자기 아들이었거든요.
그 뒤 오디세우스는 포세이돈이 일으키는 사나운 풍랑 때문에
죽을 고비를 여러 번 넘기며 바다를 헤매고 다녀야 했답니다.

포세이돈은 반은 말이고 반은 뱀인
괴물들이 끄는 전차를 타고 다녔지요.
물고기와 돌고래 같은 온갖 바다 생물들,
네레이데스와 같은 바다의 님프들이
이 전차를 둘러싸고 함께 달렸답니다.
〈전차를 탄 포세이돈〉 작가 미상

사랑이 서투른 포세이돈

어느 날, 포세이돈은 낙소스 섬의 축제에 초대되었는데
그곳에서 암피트리테라는 처녀를 보고는 사랑에 빠졌어요.
포세이돈은 다짜고짜 달려들어 암피트리테를 껴안으려고 했어요.
"당신처럼 무식하고 못생긴 신은 질색이에요. 절대로 당신 가까이에는 가지 않겠어요!"
암피트리테는 이렇게 말하고 도망쳐서 어깨로 하늘을 떠받치고 있는
아틀라스의 발가락 사이에 숨어 버렸지요. 포세이돈은 충격으로 어찌할 바를 몰라 쩔쩔매다가
바닷속 자신의 성에 처박혀 꼼짝도 하지 않았어요. 그러자 바다가 아주 고요해졌어요.

그 무렵 바다에 사는 생물 중에서 가장 영리한 것이 델피노스였어요.
델피노스는 엉덩이 위쪽은 인간이고 아래쪽은 돌고래였지요.
포세이돈은 자신을 찾아온 델피노스에게 하소연했어요.
"암피트리테를 아내로 맞고 싶은데 내가 무식하고 못생겼다고 싫다고 하는구나."
"제가 포세이돈 님을 도와 드리겠습니다. 그 대신 제가 바다를 떠나 살 수 있게 해 주십시오."
포세이돈은 흔쾌히 델피노스의 소원을 들어주기로 했지요.

델피노스는 암피트리테를 찾아가서 말했어요.
"암피트리테 님, 포세이돈 님이 당신을 사랑하는 것을 보면
당신도 똑같이 못생겼을 테지요? 누구나 비슷하게 생긴 상대를 좋아하니까요."
암피트리테는 화가 나서 밖으로 나와 아름다운 자신의 모습을 보여 주었어요.
  델피노스는 그 기회를 놓치지 않고 밖으로 나온 암피트리테를 붙잡고는
    갖은 말로 구슬려 결국 포세이돈과 맺어 주었답니다.

델피노스의 꾐에 넘어간 암피트리테는 포세이돈에게 델피노스가 포세이돈을 너무나 깎아내려서 더 이상 듣고 있을 수 없어서 밖으로 나왔다고 거짓말을 했어요.
다음 날 소원을 들어 달라며 찾아온 델피노스를 본 포세이돈은 다짜고짜
그를 집어 들어 하늘로 던져 버렸어요. 그 바람에 델피노스는 하늘에 매달리게 되었답니다.
지금도 밤하늘을 올려다보면 델피노스가 매달려 있는 돌고래 별자리를 볼 수 있지요.

포세이돈과 암피트리테가
님프들의 환영을 받고 있어요.
〈포세이돈의 개선〉 니콜라 푸생

농업과 대지의 여신, 데메테르

데메테르는 제우스가 아버지인 크로노스의 배 속에서 구출해 준 제우스의 누이입니다. 데메테르는 신과 인간이 함께 어울려 살던 때에 인간에게 가장 직접적인 도움을 준 신이에요.

먹을 것이 가장 중요하던 시절에 농사짓는 법을 가르쳐 주고, 생산물을 보살펴 주는 신이었으니까요. 그래서 데메테르는 대지의 어머니답게 올림포스보다는 인간들이 사는 땅에 머무는 시간이 많았습니다.

낫을 들고 곡식으로 만든 관을 쓴 데메테르 뒤로 추수가 한창인 들판이 보여요.
〈데메테르 여신〉 장 프랑수아 밀레

아이들에게 둘러싸인 데메테르의 모습이에요. 사람들은 아기를 낳는 여성과 먹을 것을 생산해 내는 땅이 같다고 여겨, 대지를 다스리는 데메테르를 이렇게 표현했지요.
〈대지의 비유〉 작가 미상

그리스 농부들은 해마다 12월이면 데메테르의 은혜에 감사하는 축제를 연답니다.
풍년이 들게 해 준 은혜에 감사하고, 다음 해에도 풍요로운 농산물을
거두어들일 수 있도록 도와 달라는 뜻으로요.
데메테르는 날씨를 주관하는 제우스와 물을 다스리는 포세이돈, 지하 세계의 주인인
하데스와 친남매예요. 땅과 물, 날씨는 농사를 짓는 데 중요한 요소이니
데메테르가 인간들이 농사를 잘 짓는 데 도움을 주기에 어려움이 없었겠지요.

데메테르에게는 페르세포네라는 딸이 하나 있었어요.
성격이 밝고 아름다운 페르세포네는 모두가 인정할 만큼 매우 사랑스러웠지요.
데메테르는 그런 페르세포네를 무척이나 아껴서 혹시 못된 남자들이 괴롭힐까 봐
깊은 골짜기에 두고 님프들에게 항상 지키게 했답니다.
그런 페르세포네에게 일어난 큰 사건은 데메테르 여신의 대표적인 이야기예요.

딸을 너무도 사랑한 어머니, 데메테르

페르세포네는 데메테르와 제우스 사이에서 태어났어요.
페르세포네는 어머니의 사랑과 님프들의 보호 아래 행복하게 지냈어요.
어느 날 지하 세계의 왕 하데스는 꽃을 꺾고 있는 페르세포네를 본 순간, 첫눈에 반해
그만 병이 나고 말았어요. 페르세포네가 너무나 아름다웠을 뿐만 아니라,
에로스가 쏜 사랑의 화살에 맞았으니 병이 날 만했지요.

하데스는 지하 세계에 살지만 땅 위를 지나가는 발소리만 듣고도 누군지 알아맞힐 수 있었어요.
하지만 사뿐사뿐 걷는 페르세포네의 움직임만은 알아챌 수가 없었지요.
하데스가 간절히 부탁하자, 제우스는 페르세포네가 꽃을 꺾는 자리마다
히아신스가 자라나도록 했어요. 히아신스의 뿌리는 지하의 하데스에게 페르세포네의
위치를 알려 주었지요. 결국 하데스는 페르세포네를 데리고 땅속으로
들어가서 강제로 페르세포네와 결혼을 했어요.

하데스가 데메테르의 딸 페르세포네를
지하 세계로 납치하고 있어요.
〈페르세포네의 납치〉 니콜로 델 아바테

딸을 잃은 데메테르는 너무 슬프고 화가 나서 모든 식물에게 자라지 말라고 명령했어요.
식물이 자라기를 멈추자 세상에 온통 죽음의 그림자가 드리워졌어요.
데메테르는 목숨처럼 사랑하는 딸이 하데스에게 납치되었다는 것을 알았어요.
데메테르는 제우스에게 불같이 화를 냈지요.
제우스는 부랴부랴 하데스를 설득하여 페르세포네를 돌려보내게 했어요.
하지만 페르세포네는 이미 하데스가 준 석류를 먹어, 영원히 땅 위로 올라올 수는 없었어요.

제우스는 하데스와 데메테르를 설득하여 페르세포네가 일 년 중 절반은 지하 세계에 머물고, 나머지 절반은 땅 위에서 머물 수 있게 했어요. 그때부터 페르세포네가 땅에 머무는 동안에는 식물이 자라고 열매를 맺지만, 페르세포네가 지하 세계로 돌아가면 식물은 자라기를 멈추고 시들어 가지요. 그때가 바로 겨울이랍니다.
데메테르는 땅을, 페르세포네는 거기서 움트고 자라는 씨앗을 뜻하지요.

**데메테르 여신의 당당한 모습이에요.
딸을 지극히 사랑하는 마음은 인간과 똑같지요.**
〈데메테르〉 작가 미상

아름다움과 사랑의 여신, 아프로디테

크로노스가 아버지 우라노스를 물리칠 때였어요. 우라노스의 살점이 바다에 떨어지자 바다에서 물거품이 일었어요. 그 속에서 우주에서 가장 아름다운 여신, 아프로디테가 태어났답니다.

아프로디테가 서풍에 이끌려 키프로스 섬에 도착하자 계절의 여신인 호라이가 아프로디테에게 아름다운 옷을 입힌 뒤, 올림포스 궁전으로 안내했어요. 운명의 여신들인 모이라이는 아프로디테에게 아름다움과 사랑을 다스리도록 했지요.

아프로디테를 본 남신들은 아프로디테의 아름다움에 넋을 잃었어요. 앞다투어 아프로디테와 결혼하기를 원했어요. 하지만 아프로디테는 올림포스 신들 중에서 가장 못생긴 데다 절름발이인 헤파이스토스와 결혼하였지요. 헤파이스토스는 아내에게 케스토스라는 띠를 만들어 선물했어요. 이 띠는 매고 있으면 누구에게나 사랑을 불러일으키는 신비한 힘을 가졌지요. 그래서 아프로디테는 마음만 먹으면 누구에게서나 사랑을 받을 수 있었어요.

이것은 헤파이스토스가 저지른 가장 큰 실수 가운데 하나였을 거예요.
아프로디테가 헤파이스토스의 눈을 피해 자꾸 다른 신을 만났기 때문이에요.
아프로디테는 미소년 아도니스를 사랑해서 지하 세계의 여왕 페르세포네에게
맡겨 두었는데, 페르세포네가 돌려주지 않자 싸움을 벌였어요.
또 트로이의 왕자 안키세스와도 사랑에 빠졌지요. 특히 전쟁의 신 아레스와
자주 만나다가 남편 헤파이스토스에게 호되게 창피를 당하기도 했어요.
그런데도 아프로디테는 여러 남자를 만나고 다녔지요.
자신이 만들어 준 마법의 띠 때문에 헤파이스토스는 많이 속상했을 거예요.
하지만 아름다운 사랑의 여신이니만큼 사랑을 얻기 위한 비밀 무기 하나쯤
지니고 있는 것은 어쩌면 당연한 일일지도 몰라요.

아프로디테의 탄생을 그린 그림이에요.
물거품 속에서 태어나는 아프로디테의 왼쪽에는 서풍의 신 제피로스와
미풍의 여신인 아우라가 있고, 오른쪽에는 계절의 여신인 호라이가 보여요.
〈아프로디테의 탄생〉 산드로 보티첼리

자만심이 대단했던 여신, 아프로디테

자신의 아름다움에 자부심이 대단했던 아프로디테는 자신의 아름다움이 다른 이들과
비교되는 것조차 견디지 못했어요. 그러던 어느 날, 프시케라는 공주가
어찌나 아름다운지 아프로디테보다 더 아름답다는 소문이 널리 퍼졌어요.
소문을 들은 아프로디테는 화가 부글부글 끓어올랐지요.
그래서 자신의 아들이자 심부름꾼인 에로스를 불러서 말했어요.
"에로스, 프시케 곁에 끔찍한 괴물이 있을 때 프시케의 가슴에 황금 화살을 쏘아라."
에로스는 사랑을 주관하는 어머니 곁에서 황금 화살과 납 화살로 사랑과 미움을 조절하는 신이에요.
누구나 에로스의 황금 화살을 맞으면 처음 본 사람을 엄청나게 사랑하게 되었지요.
그러나 일은 아프로디테가 원하는 대로 되지 않았어요. 프시케를 바라보던 에로스가
실수로 황금 화살에 찔렸거든요. 에로스는 사랑에 빠지고 말았지요. 아프로디테는
둘을 갈라놓으려 프시케를 엄청나게 괴롭혔지만 에로스와 프시케는 결국 결혼했어요.

에로스는 늘 어머니 곁을 지키며,
사랑과 미움의 화살을 쏘아 모든 이의
사랑을 조절했답니다.

〈아프로디테와 에로스〉
램버트 서스트리

 불과 대장장이의 신, 헤파이스토스

올림포스에서 뭐든지 최고로 만들 수 있는 재주꾼 신이 바로 헤파이스토스예요. 헤파이스토스는 헤라의 아들이지요. 제우스가 끊임없이 다른 여자들과 사귀어 수많은 자식을 낳는 것을 본 헤라는 제우스의 도움 없이 스스로 아이를 만들고 싶었어요. 결혼의 수호신이었으니 다른 남자들과 어울릴 수도 없었지요.

하지만 헤라는 스스로 낳은 아이, 헤파이스토스의 얼굴을 보는 순간 아기를 올림포스 아래로 던지고 말았어요. 너무도 못생겨서 자신의 아들이라고 남에게 보여 주기가 창피했거든요. 하늘에서 빙빙 돌던 헤파이스토스는 바다의 여신 테티스의 동굴 앞에 떨어졌어요. 떨어지면서 다리를 다친 헤파이스토스는 아홉 살이 될 때까지 테티스의 손에서 자랐답니다.

헤파이스토스와 아내 아프로디테, 아들 에로스의 모습이 보여요.
〈헤파이스토스의 대장간에서 아이네이아스의 갑옷을 받는 아프로디테〉 페르디난트 볼

헤파이스토스가 만든 걸작들

못생긴 외모에 다리까지 절게 되었으나,
헤파이스토스에게는 누구도 따라올 수 없는 기막힌 재주가 있었어요.
무엇이든지 원하기만 하면 똑부러지게 만들어 내는 특별한 재주였지요.
헤파이스토스는 이 재주로 자신을 내던진 어머니 헤라에게 복수하기로 했어요.
그래서 남몰래 황금 의자를 만들었지요. 이 황금 의자는 아주 특별해서 누구든지
의자에 앉으면 절대 풀어지지 않는 사슬이 앉은 사람을 꼭 옭아매었어요.
헤파이스토스는 그 의자를 어머니에게 보냈고, 번쩍이는 황금 의자에 홀딱 반한 헤라는
냉큼 의자에 앉았어요. 헤라가 의자에서 벗어나지 못하자,
신들은 헤파이스토스를 올림포스로 불러들였지요.
결국 디오니소스가 헤파이스토스에게 술을 먹여 헤라를 풀어 주라고 설득했어요.

대장간에서 일하는
헤파이스토스의 모습이에요.
〈에로스의 화살을 만드는 헤파이스토스〉
알레산드로 티아리니

이 밖에 헤파이스토스는 그의 뛰어난 솜씨로
인간과 신을 위해 여러 물건을 많이 만들어 냈어요.
세상에 처음 나타난 여자 인간 판도라도 헤파이스토스의 작품이었고,
그 어떤 무기도 뚫지 못하는 아킬레우스의 갑옷도 헤파이스토스가 만들었어요.
또 아폴론과 아르테미스의 화살, 헤라클레스의 방패도 헤파이스토스의 작품이었지요.
신화에 등장하는 뛰어난 무기들은 죄다 헤파이스토스의 손을 거친 것이나 마찬가지예요.
헤파이스토스는 '불의 신'이라는 뜻이에요. 대장간에 불이 없으면 아무것도 만들 수 없지요.
불로 쇠나 다른 재료를 녹여서 여러 가지를 만들어 내니까요.

**바다의 여신 테티스도
아들 아킬레우스가
전쟁에서 무사하도록
헤파이스토스에게
특별한 갑옷을 부탁했어요.**
〈테티스에게 아킬레우스의 새 갑옷을 건네는 헤파이스토스〉
작가 미상

전쟁과 지혜의 여신, 아테나

아테나는 아주 특별하게 태어난 여신이에요. 제우스는 님프인 메티스를 사랑했어요. 하지만 메티스는 제우스를 좋아하지 않아서 식물이나 동물로 변신해서 제우스를 피해 다녔답니다.

어느 날, 메티스가 파리로 변신해 있었는데 화가 난 제우스가 그만 메티스를 삼켜 버렸어요. 그런데 신기하게도 메티스는 제우스의 몸속에서 임신을 하게 되었어요. 메티스는 제우스의 몸속에서 머리로 기어올랐고, 제우스는 머리가 아파서 큰 고통을 겪었어요. 제우스가 헤파이스토스를 불러서 괴로움을 호소하자, 헤파이스토스가 제우스의 머리를 열어 주었어요. 그러자 그 속에서 아테나가 뛰어나왔어요.

아테나는 제우스의 머리에서 나올 때 이미 다 자라서 갑옷을 입고, 투구를 쓰고, 창과 방패를 든 모습이었답니다. 결혼을 하고 아이를 낳은 다른 여신들과는 달리 아테나는 결혼을 하지 않은 처녀 신이에요.

아테나를 상징하는 동물은 올빼미예요. 어둠 속에서도 사물을 볼 수 있는 올빼미의 눈은, 옳은 것과 그른 것을 구별해 내는 지혜를 상징하지요. 그래서 '아테나의 올빼미'나 아테나의 다른 이름인 '미네르바의 올빼미'는 지혜를 상징하는 말로 쓰인답니다.

신중하고 정의로운 전쟁의 여신

아테나는 전쟁의 여신이지만 파괴와 공격을 일삼는 아레스와는 달리
적을 막아 내는 것을 돕고, 전쟁을 지혜롭게 이끌어 언제나 피해를 줄이려고 했어요.
파괴를 싫어하여 지혜를 발휘해 신중하게 전략을 짜는 전쟁의 신이지요.
그래서 아테나를 정의의 여신이라고도 부르지요.

머리에 투구를 쓰고 방패를 든 아테나예요.
당당한 아름다움이 느껴져요.
〈아테나 그릇〉 작가 미상

한 손에 올빼미를 든
아테나의 모습이에요.
〈작은 올빼미를 든 아테나〉 작가 미상

지혜롭고 재주가 많았던 아테나

어느 여신의 배에서 나온 것이 아니라, 신들의 왕 제우스의 머리에서
나와서 그런지 아테나는 다른 어떤 신보다도 지혜롭고 재주가 뛰어났어요.
어느 날, 아테나와 포세이돈이 동시에 아테나이를 다스리려고 했어요.
그러자 아테나가 말했어요.
"시민들에게 더 쓸모 있는 선물을 한 신이 아테나이를 다스리도록 합시다."
포세이돈은 아테나이 사람들에게 멋진 말을 선물했어요.
아테나는 올리브 나무가 자라도록 했어요. 그리고 이렇게 말했어요.
"이 나무는 일 년 내내 잎이 지지 않으며, 열매는 너희를 배부르게 할 것이고
너희 나라를 세상에서 가장 유명하게 해 줄 것이다.
이 나무가 내가 인간에게 주고 싶은 평화와 풍요로움의 상징이기 때문이다."
결과는 어떻게 되었을까요? 아테나의 승리였어요. 아테나의 말대로
올리브 열매와 기름은 오늘날까지도 그 지역 사람들을 먹여 살리고 있답니다.

아테나 여신이 베를 잘 짜기로 유명한
아라크네와 베 짜기 시합을 벌이고 있어요.
아라크네는 아테나에게 교만하게 대들었다가
결국 벌을 받지요.
〈아테나와 아라크네〉 틴토레토

지혜로운 아테나는 여러 가지 물건을 만들었어요.
그리스 사람들은 플루트, 트럼펫, 쟁기, 고무래, 말굴레, 마차, 배도
아테나가 처음으로 만들었다고 믿었어요.
또 요리나 베 짜기, 뜨개질, 숫자, 수학도 똑똑한 아테나가 발명했다고 믿었지요.

영웅들의 수호자

아테나는 오디세우스와 이아손, 헤라클레스 등의 영웅들이 위험에 처했을 때 도움을 주었어요.
오디세우스가 지혜를 발휘하여 트로이 전쟁을 승리로 이끌었으나, 다른 신들의 방해로 집으로
돌아가지 못하고 떠돌자 도움의 손길을 보내어 안전하게 고향으로 돌아가도록 해 주었답니다.
또 헤라클레스를 싸움터에서 보호해 주었으며, 그가 헤라가 내 준 모험을 수행할 때
무장을 시켜 주기도 했어요.
아테나가 영웅들의 수호자가 된 까닭은
영웅들에게는 강한 힘뿐만 아니라
지혜와 정신적인 도움이 필요했기
때문이겠지요.

**오디세우스가 적들의 눈을 피할 수 있도록
아테나가 오디세우스를 거지로 변장시켜 주고 있어요.**
〈오디세우스를 거지로 변장시킨 아테나〉 주세페 보타니

사냥과 달의 여신, 아르테미스

활을 들고 님프들과 함께 산과 들을 뛰어다니며 사냥을 즐기는 여신이 아르테미스예요. 아르테미스는 제우스와 티탄 족인 레토 사이에서 아폴론과 쌍둥이로 태어났어요.

헤라는 레토가 제우스의 아이를 임신했으며 태어날 그 아이가 제우스 다음가는 권력을 갖게 될 것이라는 예언을 전해 들었어요. 헤라는 질투심에 불타 커다란 뱀, 피톤을 불러서 말했습니다.
"햇빛이 닿는 곳이면 어느 곳이든 레토를 쫓아다니며, 자식을 낳지 못하게 막아라."
레토는 피톤을 피해 아이를 낳을 곳을 찾아 헤매야만 했지요.

레토가 아폴론과 아르테미스를 돌보고 있어요.
하늘 위로 화난 헤라의 모습이 보여요.
〈아폴론과 아르테미스의 탄생〉 마르칸토니오 프란체스키니 레토는 피톤의 눈을 피해 겨우겨우 델로스 섬에 이르렀어요.
레토를 본 포세이돈은 가엾은 마음이 들었어요. 그래서 파도를 일게 하여
그늘을 만들어 주었지요. 그 덕분에 피톤의 눈에 띄지 않았고, 레토는 마침내 아기를
낳을 수 있었답니다. 아르테미스가 결혼과 출산을 거부하게 된 이유는 아마도 결혼의 신인
헤라의 미움 때문에 겪은 어머니의 출산의 고통 때문이 아니었을까요?
레토를 쫓아다니며 괴롭혔던 피톤은 훗날 아폴론이 해치웠답니다.

아르테미스는 달의 여신이기도 해요. 달은 아기를 임신하고 출산하는
여성들의 특성을 나타내지요. 아르테미스는 여성들이 결혼을 하거나 임신하는 것을
달가워하지 않았지만, 아기를 낳는 여성들에게 도움을 주었어요.

아르테미스가 늘
지니고 다니던 활과
그녀가 아끼는 사슴이에요.
〈아르테미스의 분수〉
작가 미상

냉정한 여신, 아르테미스

어느 날 숲 속에서 아르테미스가 목욕을 할 때였어요.
악타이온이라는 사냥꾼이 사냥을 하다가 우연히 아르테미스 여신이
목욕하는 것을 보게 되었답니다. 아르테미스는 감히 인간인 악타이온이
자신의 벗은 몸을 보았다는 사실에 화가 치밀었어요.
아르테미스는 악타이온에게 샘물을 끼얹었지요.
그러자 악타이온의 머리에서는 뿔이 돋아나고 몸에서는 털이 나면서
사슴으로 변해 버렸어요. 사슴이 된 악타이온은 슬프게도
자신이 데리고 다니던 사냥개에게 물려 죽고 말았답니다.
그만큼 아르테미스는 냉정하고 잔인한 성격을 가진 여신이에요.

아르테미스가 목욕하는 모습을 본
악타이온의 모습이에요.
초승달 모양의 관을 쓴 아르테미스가
샘물을 끼얹자 사슴뿔이 돋아나고 있어요.

〈아르테미스와 악타이온〉 주세페 체사리

☀ 태양의 신, 아폴론

아폴론은 여신 아르테미스와 쌍둥이예요. 남신들 가운데 눈부시게 아름다운 신으로 꼽혀서 고대 그리스에서는 아폴론이라는 말이 '아름다운 청년'이라는 뜻으로도 쓰였지요.

태양신이자 운동, 예술, 의학, 건축의 신이기도 한 아폴론은 어떤 신보다도 지혜로웠지만 급한 성격 때문에 잘못을 저질러 제우스에게 벌을 받아 인간 세상으로 *귀양을 간 적도 있어요.

아폴론은 인간 세상에서 인간들과 함께 살았던 경험 때문이었던지, 인간을 무척 사랑하였답니다.

*귀양 : 죄인을 먼 곳으로 보내 일정 기간 동안 정해진 곳에서만 살게 하는 벌.

음악의 신이기도 한 아폴론이 리라를 켜고 있어요. 머리에는 월계수로 만든 관을 썼어요.
〈악기를 연주하는 아폴론〉 작가 미상

첫사랑에 실패한 아폴론

아폴론이 남신들 가운데 가장 잘생겼고 매력이 넘쳤으니 당연히 여신들이나 여인의 마음을 쉽게 사로잡았겠다고 생각하지요? 하지만 아니었답니다.
아폴론은 강의 신, 페네이오스의 딸인 다프네를 무척이나 사랑했어요.
하지만 다프네는 사랑에는 도무지 관심이 없어 누군가가 사랑한다는 말을 하면 몸서리를 칠 정도였어요. 특히 아폴론과는 얼굴을 마주치는 것조차 싫어했어요.
이는 아폴론에게서 모욕을 당한 에로스가 저지른 복수 때문이었어요.

아폴론이 에로스의 작은 화살을 비웃자 에로스가 아폴론에게는 사랑에 빠지는 황금 화살을, 다프네에게는 미움에 빠지는 납 화살을 쏘았거든요.
결국 아폴론을 피해 도망 다니던 다프네는 월계수로 변해 버렸어요.
아폴론은 쓰라린 가슴으로 월계수를 끌어안고 울 수밖에 없었답니다.

월계수로 변해 가는 다프네를 껴안고 슬퍼하는 아폴론의 모습이에요.
〈아폴론과 다프네〉 안토니오 폴라이우올로

인간을 사랑한 의학의 신

아폴론은 코로니스라는 여인과도 사랑에 빠졌어요.
이번에도 코로니스는 진심으로 아폴론을 사랑하지 않았답니다.
아폴론의 아이를 임신한 뒤에 다른 인간 남자와 결혼을 할 정도였거든요.
코로니스를 감시하던 흰 까마귀가 이 사실을 아폴론에게 알렸어요.
화가 난 아폴론은 아르테미스를 시켜 코로니스를 죽이고 말았어요.
자신의 행동을 후회하던 아폴론은 흰 까마귀를 새카맣게 만들어 버렸답니다.

뒤늦게 코로니스가 자신의 아이를 가진 것을 안 아폴론은
죽은 코로니스의 몸에서 아기를 꺼내어 아스클레피오스라는
이름을 지어 주었어요. 그리고 가장 뛰어난 스승으로 칭송받던
케이론에게 아들의 교육을 부탁하였지요. 케이론의 도움으로
아스클레피오스는 최고의 의사가 되었으며, 병이 난 인간들을
모두 평등하게 치료해 주었답니다.

**인간을 치료해 준
아스클레피오스의 모습이에요.**
〈아스클레피오스〉 작가 미상

제우스의 심부름꾼, 헤르메스

헤르메스는 제우스의 심부름꾼이면서 상인, 나그네, 도둑의 수호신이에요. 또 사람들의 영혼을 죽음의 나라로 안내해 주는 일도 했어요. 제우스에게 선물 받은 날개 달린 모자와 신발로 여기저기 어디든 날아다녔지요.

헤르메스는 제우스와 거인 아틀라스의 딸인 마이아의 아들이에요. 제우스는 꾀가 많고 영리한 헤르메스를 무척 아꼈답니다. 옛날 상인들은 장사를 하기 위해 여기저기 떠돌며 최대한 이익을 많이 남기려고 했어요. 또 도둑은 남에게 들키지 않게 몰래 꾀를 부려야 했지요. 헤르메스는 이런 상인과 나그네, 도둑을 함께 지켜 주었답니다.

돈주머니를 들고 있는 헤르메스예요. 옛날에는 갈림길에 헤르메스의 동상을 세워 두기도 했답니다.
〈헤르메스〉 작가 미상

태어나자마자 장난질

헤르메스는 바위 동굴 안에서 태어났어요. 신기하게도 헤르메스는
태어나자마자 요람에서 기어 나와서 아폴론의 소 떼를 훔쳤지요.
그리고 지나가는 거북을 붙잡아 등딱지를 떼어 낸 뒤, 그 위에 소의 내장을 걸어
리라라는 악기를 만들어 냈어요. 악기를 연주하자 무척 아름다운 소리가 흘러나왔지요.

소 떼를 도둑맞은 것을 안 아폴론이 화를 내며 소를 돌려 달라고 했지만,
헤르메스는 끝까지 모른 체했지요. 결국 제우스의 명령으로 되돌려 주기는 했지만요.
헤르메스는 화가 단단히 난 아폴론에게 리라를 연주해 주었어요.
음악의 신인 아폴론은 아름다운 리라 소리에 정신을 빼앗겨 버렸지요.
헤르메스는 아폴론에게 리라를 선물하고는 아폴론과 화해했답니다.
헤르메스가 준 리라를 늘 가지고 다니던 아폴론은 헤르메스에게 황금 지팡이를 선물로 주었어요.
그 뒤로 헤르메스는 두 마리 뱀과 날개가 달린 지팡이 카두세우스를 늘 지니고 다녔답니다.
이렇게 꾀도 많고 재주도 뛰어난 헤르메스를 누가 미워할 수 있었을까요.

아폴론과 헤르메스가
이야기를 나누고 있어요.
정말 다정한 형제처럼 보이지요?
〈아폴론과 헤르메스〉 프란체스코 알바니

발명가, 헤르메스

그리스 인들은 헤르메스가 불을 발견했다고 믿었어요.
재주 많은 헤르메스는 리라 같은 악기뿐만 아니라 레슬링이나 권투 같은 운동 경기와 여러 형태의 경기를 발명했다고 해요. 그래서 운동선수들의 수호신이기도 하답니다.

파르나소스 산에서 잔치를 즐기는 신들의 모습이에요.
맨 오른쪽에 날개 달린 말을 이끌고 있는 헤르메스가 보여요.

〈파르나소스〉 안드레아 만테냐

지하 세계로 영혼을 안내하는 헤르메스

옛날 사람들은 사람이 죽으면 몸에서 영혼이 빠져나와서 하데스가 지배하는 지하 세계로 간다고 믿었어요. 영혼이 지하 세계로 가려면 깊은 땅속을 흐르는 스틱스 강을 건너야 하는데, 그 강까지 영혼을 안내해 주는 신이 바로 헤르메스예요. 영혼들이 헤르메스와 함께 스틱스 강에 이르면 뱃사공 카론이 돈을 받고 배에 태워 스틱스 강을 건네주었다고 해요.
그래서 헤르메스는 영혼의 안내자라는 뜻의 '프시코폼포스'라는 이름도 가지고 있어요.

지하 세계에서 땅 위로 돌아오는
페르세포네를 데메테르가 반갑게 맞이해요.
페르세포네 곁에 영혼의 안내자 헤르메스가 있어요.
〈돌아온 페르세포네〉 프레더릭 레이턴

 전쟁의 신, 아레스

제우스와 헤라의 외아들인 아레스는 부모가 막강한 능력자인데도 다른 신이나 인간들에게 사랑과 존경을 받지 못한 가엾은 신이에요. 올림포스 신들 중에서 성격이 가장 거칠고 난폭한 신이었기 때문이에요.

아레스는 공포를 뜻하는 포보스와 두려움을 뜻하는 데이모스, 두 아들을 데리고 다니며 닥치는 대로 아무에게나 싸움을 걸고 전쟁터에서는 폭력과 파괴를 일삼았어요. 아레스는 자기 마음에 들면 옳든 그르든 상관없이 무조건 편들고 나섰어요. 이 점에서 올바른 전쟁, 방어와 전략에 관여하는 신인 아테나 여신과는 뚜렷하게 차이가 났답니다.

아레스는 크고 우람한 외모에 아테나처럼 방패와 창, 검 등으로 무장하고는 소리를 지르고 다녔어요.

싸움을 걸지만 이기지는 못하는 전쟁의 신

아레스는 전쟁의 신이자 싸움을 즐기는 신이면서도 정작 용기가 뛰어나지도,
싸움에서 승리를 거두지도 못했어요.
트로이 전쟁에서는 헥토르 편에서 싸우다가 디오메데스에게 부상을 당했어요.
그때 모든 병사들에게 다 들리도록 소리를 지르며 올림포스로 도망갔어요.
제우스는 한심한 아들의 상처를 손수 싸매 주었지요.
그뿐만 아니라 헤라클레스에게 상처를 입었을 때도 올림포스로 도망갔어요.
아테나와 결투를 벌였다가 져서 창피를 당하기도 했어요.

전쟁에서 승리를 이끄는 것은 힘이 아니라 지혜와 전략이라는 것을 일러 주는 것이겠지요?
옛 그리스 사람들은 성격 나쁘고 힘만 센 아레스가 지혜로운 영웅들과 아테나에게
호되게 당하는 모습을 즐겼다고 해요.

아레스와 아테나의 결투 장면이에요.
쓰러져 있는 신이 바로 아레스예요.
그에 반해 아테나의 모습은
무척 당당해 보여요.
〈아레스와 아테나의 싸움〉
자크 루이 다비드

아프로디테의 연인, 아레스

올림포스 최고의 미녀 신, 아프로디테는 남편인 헤파이스토스 몰래
아레스와 사랑을 나누었어요. 성격이 거칠고 거만한 아레스와
자신의 아름다움에 항상 자만심이 가득했던 아프로디테는 서로 마음이 통했나 봐요.
헤파이스토스를 안쓰럽게 여긴 아폴론이 이 사실을 일러 주었어요.
원하는 것은 무엇이든 만들 수 있었던 헤파이스토스는 아프로디테와 아레스 몰래
눈에 보이지 않는 그물을 만들어 걸어 두었어요. 이를 까맣게 모르고 있던 아프로디테와
아레스는 그만 그물에 걸려서 올림포스 신들 사이에서 웃음거리가 되고 말았답니다.

헤파이스토스의 방해에도 아레스와 아프로디테 사이에서는 여러 아이가 태어났어요.
사랑의 신 에로스, 안테로스, 공포와 두려움의 포보스, 데이모스 등이 자식이지요.

아프로디테와 아레스가 함께 있어요.
에로스가 장난스럽게 둘의 다리를
같이 묶고 있어요.
〈사랑으로 엮인 아레스와 아프로디테〉
파올로 베로네세

아레스의 언덕

올림포스의 깡패, 아레스가 저지른 엄청난 일이 또 하나 있어요.
살인을 저질러 재판을 받은 것이지요. 자신의 딸 알키페가 포세이돈의 아들인
할리로티오스에게 폭행을 당하자 성질이 불같은 아레스가 할리로티오스를 죽였어요.
살인자로서 재판을 받던 아레스는 증거가 부족하다는 이유로
재판장인 아테나로부터 무죄를 선고받고 풀려났어요.
이후로 고대 아테나이 사람들은 이 언덕에서 재판을 열었답니다.
이 언덕을 '아레스의 언덕'이라는 뜻인 '아레이오스 파고스'라고 불러요.

아레스의 모습이 무척 거만해 보여요.
최고신이 부모여서 의기양양한 데다
싸움까지 좋아했으니 성격이 삐뚤어질 법도 해요.
〈아레스〉 디에고 벨라스케스

술과 포도의 신, 디오니소스

제우스의 아들인 디오니소스는 비극적으로 태어났어요. 제우스는 아름다운 여인 세멜레를 무척 사랑했어요. 당연히 헤라는 불같은 질투를 느꼈고, 어떻게 세멜레를 괴롭힐까 고민했어요. 드디어 헤라에게 좋은 생각이 떠올랐어요. 세멜레의 단짝 친구로 변신한 뒤 찾아가서 제우스의 본모습을 보게 해 달라고 부탁하라고 꼬드겼어요.

제우스는 세멜레의 끈질긴 부탁을 거절하지 못하고 태양 빛에 번개와 천둥을 가진 본모습으로 세멜레 앞에 나타났고, 세멜레는 그 자리에서 타 죽고 말았어요. 제우스는 재빨리 세멜레의 몸에서 아기를 꺼내 자신의 넓적다리에 집어넣었어요. 시간이 지난 뒤 넓적다리에서 태어난 아기가 바로 디오니소스랍니다.

헤라는 그 뒤로도 디오니소스를 따라다니며 괴롭혔어요. 그래서 제우스는 디오니소스를 그리스에서 멀리 떨어진 곳으로 옮겨 그곳의 님프들에게 기르게 했답니다.

본모습을 드러낸 제우스 때문에 세멜레가 죽어 가고 있어요. 인간인 세멜레가 신이 가진 뜨거운 열과 빛을 도저히 감당할 수 없었던 거지요.
〈제우스와 세멜레〉 귀스타브 모로

세상을 떠돌아다닌 신

다른 남신들이 하늘에 속해 있는 것과 다르게 디오니소스는 땅에 속해 있는 신이에요.
그만큼 인간적인 신이기도 하고 인간을 사랑하는 신이기도 해요.
어른이 된 디오니소스는 포도 재배법과 포도주 담그는 법을 알아냈어요.
하지만 여전히 그를 미워하던 헤라는 디오니소스를 올림포스로 오지 못하게 하였지요.
디오니소스는 세계 곳곳을 떠돌며 사람들에게 포도를 재배하는 방법과 포도주를 만드는 법을
가르쳤어요. 디오니소스는 표범이 끄는, 포도 넝쿨과 담쟁이덩굴로 장식된 수레를 타고,
여사제와 사티로스 등에 둘러싸인 채 돌아다녔답니다.

디오니소스가 만든 술은 인간의 괴로움을 잊게 하고 기분을 좋게 해 주어
삶의 의욕을 북돋아, 인간이 문명을 발달시키는 데 도움을 주었어요.
포도가 많이 생산되어 포도주를 만들 수 있다는 것은 인간 생활이 그만큼 풍요로워졌다는
뜻이었어요. 그리고 그런 삶이야말로 그 시대 인간들이 꿈꾸던 것이었지요.

낙소스 섬에서 아리아드네와
마주친 디오니소스예요.
표범이 끄는 수레와 다리가 염소 다리인
사티로스가 보여요.

〈디오니소스와 아리아드네〉 티치아노

흥겨운 신으로 사랑받은 디오니소스

수많은 무리를 이끌고 떠들썩하게 행진하는 디오니소스는 사람들에게 반갑고 신 나는 존재였어요.
디오니소스는 자신을 기리는 축제인 '박카날리아'를 열기 시작했답니다.
축제 동안 사람들은 정신없이 춤추며 즐겼어요.
때로는 정도가 지나쳐 디오니소스의 축제를 금지하려는 왕도 있었지요.

신화 속의 전통은 훗날에도 이어져 고대 아테나이에서는
해마다 3월 말에서 4월 초까지 약 일주일간 축제가 열렸답니다.
이 기간 동안에는 모든 상점들이 문을 닫고 공공기관도
업무를 보지 않았어요. 사람들은 디오니소스 극장에서
연극을 구경하며 축제를 즐겼지요.
　축제를 시작하기 전에 사람들은 행진을 하고 화려한 춤과
볼거리를 선보였어요. 또한 이날을 위해 준비한 연극을 공연하고,
축제가 끝나면 상을 내렸지요. 축제 기간 동안 적절하지 못한
행동을 한 사람들은 벌을 받았다고 해요.

포도 넝쿨을 머리에 쓴
디오니소스가 술잔을 들고 있어요.
사티로스는 디오니소스를 따라다니는
반은 인간, 반은 염소인 괴물이에요.
〈디오니소스와 어린 사티로스〉 미켈란젤로 부오나로티

문화 발전에 기여한 신

축제 기간 동안 사람들은 노래하고 춤을 추며, 연극을 공연했어요.
인간이 즐기는 수많은 문화 예술 활동이 벌어진 셈이에요.
올림포스의 그 어떤 신보다도 디오니소스가 인간이 문화를 발전시키는 데 크게 기여했지요.

디오니소스 주변을 술에 취한
사람들이 둘러싸고 있어요.
〈술 취한 사람들-디오니소스의 승리〉
디에고 벨라스케스

그리스 로마 신화 올림포스 가디언 61
신화, 올림포스로 이끌다

글 박정희

펴낸이 양원석
펴낸곳 (주)알에이치코리아
등록 2004년 1월 15일 제2-3726호
주소 서울특별시 금천구 가산디지털2로 53, 20층 (한라시그마밸리)
문의전화 02)6443-8800

ISBN 978-89-255-4360-4(74800)
ISBN 978-89-255-4354-3(세트)

값 **12,800원**

애니메이션 및 캐릭터 저작권 ⓒ SBS, SBS콘텐츠허브, 가나미디어, 동우애니메이션

※잘못된 책은 구입하신 곳에서 바꾸어 드립니다.
※책 모서리가 날카로워 다칠 수 있으니 사람을 향해 던지거나 떨어뜨리지 마십시오.

알에이치코리아 홈페이지와 카페, SNS로 들어오시면 자사 도서에 대한 더 많은 정보와 다양한 이벤트 혜택을 확인할 수 있으며, E-book몰에서는 전자북으로도 만나볼 수 있습니다.
주니어RHK 홈페이지 http://jrrhk.com | E-book몰(RHK북스) http://ebook.rhk.co.kr | 북카페 http://cafe.naver.com/randomhousekorea
페이스북 https://www.facebook.com/rhk.co.kr | 트위터 @randomhouse_kr | 유튜브 http://www.youtube.com/randomhousekorea